FRANCE D'AUTREFOIS 2018

1 LUNDI
Jour de l'an

8 h
9 h
10 h
11 h
12 h
13 h
14 h
15 h
16 h
17 h
18 h
19 h
20 h

2 MARDI
St Basile

8 h
9 h
10 h
11 h
12 h
13 h
14 h
15 h
16 h
17 h
18 h
19 h
20 h

3 MERCREDI
Ste Geneviève

8 h
9 h
10 h
11 h
12 h
13 h
14 h
15 h
16 h
17 h
18 h
19 h
20 h

4 JEUDI
St Odilon

8 h
9 h
10 h
11 h
12 h
13 h
14 h
15 h
16 h
17 h
18 h
19 h
20 h

5 VENDREDI
St Édouard

8 h
9 h
10 h
11 h
12 h
13 h
14 h
15 h
16 h
17 h
18 h
19 h
20 h

6 SAMEDI
Épiphanie

Notes

7 DIMANCHE
St Raymond

Notes

Notes

JANVIER

LUNDI 8
St Lucien

8 h
9 h
10 h
11 h
12 h
13 h
14 h
15 h
16 h
17 h
18 h
19 h
20 h

MARDI 9
St Alix

8 h
9 h
10 h
11 h
12 h
13 h
14 h
15 h
16 h
17 h
18 h
19 h
20 h

MERCREDI 10
St Guillaume

8 h
9 h
10 h
11 h
12 h
13 h
14 h
15 h
16 h
17 h
18 h
19 h
20 h

JEUDI 11
Ste Pauline

8 h
9 h
10 h
11 h
12 h
13 h
14 h
15 h
16 h
17 h
18 h
19 h
20 h

VENDREDI 12
Ste Tatiana

8 h
9 h
10 h
11 h
12 h
13 h
14 h
15 h
16 h
17 h
18 h
19 h
20 h

SAMEDI 13
Ste Yvette

Notes

DIMANCHE 14
Ste Nina

Notes

Notes

SEMAINE 3

15 LUNDI
St Rémi

8 h
9 h
10 h
11 h
12 h
13 h
14 h
15 h
16 h
17 h
18 h
19 h
20 h

16 MARDI
St Marcel

8 h
9 h
10 h
11 h
12 h
13 h
14 h
15 h
16 h
17 h
18 h
19 h
20 h

17 MERCREDI
Ste Roseline

8 h
9 h
10 h
11 h
12 h
13 h
14 h
15 h
16 h
17 h
18 h
19 h
20 h

18 JEUDI
Ste Prisca

8 h
9 h
10 h
11 h
12 h
13 h
14 h
15 h
16 h
17 h
18 h
19 h
20 h

19 VENDREDI
St Marius

8 h
9 h
10 h
11 h
12 h
13 h
14 h
15 h
16 h
17 h
18 h
19 h
20 h

20 SAMEDI
St Sébastien

Notes

21 DIMANCHE
Ste Agnès

Notes

Notes

SEMAINE 4

22 LUNDI
St Vincent

8 h
9 h
10 h
11 h
12 h
13 h
14 h
15 h
16 h
17 h
18 h
19 h
20 h

23 MARDI
St Barnard

8 h
9 h
10 h
11 h
12 h
13 h
14 h
15 h
16 h
-7 h
18 h
19 h
20 h

24 MERCREDI
St François de Sales

8 h
9 h
10 h
11 h
12 h
13 h
14 h
15 h
16 h
17 h
18 h
19 h
20 h

25 JEUDI
Conversion de St Paul

8 h
9 h
10 h
11 h
12 h
13 h
14 h
15 h
16 h
17 h
18 h
19 h
20 h

26 VENDREDI
Ste Paule

8 h
9 h
10 h
11 h
12 h
13 h
14 h
15 h
16 h
17 h
18 h
19 h
20 h

27 SAMEDI
Ste Angèle

Notes

28 DIMANCHE
St Thomas d'Aquin

Notes

Notes

29 LUNDI
St Gildas

8 h
9 h
10 h
11 h
12 h
13 h
14 h
15 h
16 h
17 h
18 h
19 h
20 h

30 MARDI
Ste Martine

8 h
9 h
10 h
11 h
12 h
13 h
14 h
15 h
16 h
17 h
18 h
19 h
20 h

31 MERCREDI
Ste Marcelle

8 h
9 h
10 h
11 h
12 h
13 h
14 h
15 h
16 h
17 h
18 h
19 h
20 h

1 JEUDI
Ste Ella

8 h
9 h
10 h
11 h
12 h
13 h
14 h
15 h
16 h
17 h
18 h
19 h
20 h

2 VENDREDI
Présentation du Seigneur

8 h
9 h
10 h
11 h
12 h
13 h
14 h
15 h
16 h
17 h
18 h
19 h
20 h

3 SAMEDI
St Blaise

Notes

4 DIMANCHE
Ste Véronique

Notes

Notes

SEMAINE 6

LUNDI *Ste Agathe*
5

8 h
9 h
10 h
11 h
12 h
13 h
14 h
15 h
16 h
17 h
18 h
19 h
20 h

MARDI *St Gaston*
6

8 h
9 h
10 h
11 h
12 h
13 h
14 h
15 h
16 h
17 h
18 h
19 h
20 h

MERCREDI *Ste Eugénie*
7

8 h
9 h
10 h
11 h
12 h
13 h
14 h
15 h
16 h
17 h
18 h
19 h
20 h

JEUDI *Ste Jacqueline*
8

8 h
9 h
10 h
11 h
12 h
13 h
14 h
15 h
16 h
17 h
18 h
19 h
20 h

VENDREDI *Ste Apolline*
9

8 h
9 h
10 h
11 h
12 h
13 h
14 h
15 h
16 h
17 h
18 h
19 h
20 h

SAMEDI *St Arnaud*
10

Notes

DIMANCHE *Notre-Dame de Lourdes*
11

Notes

Notes

12 LUNDI
St Félix

8 h
9 h
10 h
11 h
12 h
13 h
14 h
15 h
16 h
17 h
18 h
19 h
20 h

Notes

13 MARDI
Ste Béatrice

8 h
9 h
10 h
11 h
12 h
13 h
14 h
15 h
16 h
17 h
18 h
19 h
20 h

14 MERCREDI
St Valentin

8 h
9 h
10 h
11 h
12 h
13 h
14 h
15 h
16 h
17 h
18 h
19 h
20 h

15 JEUDI
St Claude

8 h
9 h
10 h
11 h
12 h
13 h
14 h
15 h
16 h
17 h
18 h
19 h
20 h

16 VENDREDI
Ste Julienne

8 h
9 h
10 h
11 h
12 h
13 h
14 h
15 h
16 h
17 h
18 h
19 h
20 h

17 SAMEDI
St Alexis

Notes

18 DIMANCHE
Ste Bernadette

Notes

février

19 LUNDI
St Gabin

8 h
9 h
10 h
11 h
12 h
13 h
14 h
15 h
16 h
17 h
18 h
19 h
20 h

20 MARDI
Ste Aimée

8 h
9 h
10 h
11 h
12 h
13 h
14 h
15 h
16 h
17 h
18 h
19 h
20 h

21 MERCREDI
St Damien

8 h
9 h
10 h
11 h
12 h
13 h
14 h
15 h
16 h
17 h
18 h
19 h
20 h

22 JEUDI
Ste Isabelle

8 h
9 h
10 h
11 h
12 h
13 h
14 h
15 h
16 h
17 h
18 h
19 h
20 h

23 VENDREDI
St Lazare

8 h
9 h
10 h
11 h
12 h
13 h
14 h
15 h
16 h
17 h
18 h
19 h
20 h

24 SAMEDI
St Modeste

Notes

25 DIMANCHE
St Roméo

Notes

Notes

FÉVRIER MARS

26 LUNDI
St Nestor

8 h
9 h
10 h
11 h
12 h
13 h
14 h
15 h
16 h
17 h
18 h
19 h
20 h

27 MARDI
Ste Honorine

8 h
9 h
10 h
11 h
12 h
13 h
14 h
15 h
16 h
17 h
18 h
19 h
20 h

28 MERCREDI
St Romain

8 h
9 h
10 h
11 h
12 h
13 h
14 h
15 h
16 h
17 h
18 h
19 h
20 h

1 JEUDI
St Aubin

8 h
9 h
10 h
11 h
12 h
13 h
14 h
15 h
16 h
17 h
18 h
19 h
20 h

2 VENDREDI
St Charles le Bon

8 h
9 h
10 h
11 h
12 h
13 h
14 h
15 h
16 h
17 h
18 h
19 h
20 h

3 SAMEDI
St Guénolé

Notes

4 DIMANCHE
St Casimir

Notes

Notes

LUNDI 5
Ste Olive

8 h
9 h
10 h
11 h
12 h
13 h
14 h
15 h
16 h
17 h
18 h
19 h
20 h

MARDI 6
Ste Colette

8 h
9 h
10 h
11 h
12 h
13 h
14 h
15 h
16 h
17 h
18 h
19 h
20 h

MERCREDI 7
Ste Félicité

8 h
9 h
10 h
11 h
12 h
13 h
14 h
15 h
16 h
17 h
18 h
19 h
20 h

JEUDI 8
St Jean de Dieu

8 h
9 h
10 h
11 h
12 h
13 h
14 h
15 h
16 h
17 h
18 h
19 h
20 h

VENDREDI 9
Ste Françoise

8 h
9 h
10 h
11 h
12 h
13 h
14 h
15 h
16 h
17 h
18 h
19 h
20 h

SAMEDI 10
St Vivien

Notes

DIMANCHE 11
Ste Rosine

Notes

Notes

SEMAINE 11

12 LUNDI
Ste Justine

8 h
9 h
10 h
11 h
12 h
13 h
14 h
15 h
16 h
17 h
18 h
19 h
20 h

13 MARDI
St Rodrigue

8 h
9 h
10 h
11 h
12 h
13 h
14 h
15 h
16 h
17 h
18 h
19 h
20 h

14 MERCREDI
Ste Mathilde

8 h
9 h
10 h
11 h
12 h
13 h
14 h
15 h
16 h
17 h
18 h
19 h
20 h

15 JEUDI
Ste Louise

8 h
9 h
10 h
11 h
12 h
13 h
14 h
15 h
16 h
17 h
18 h
19 h
20 h

16 VENDREDI
Ste Bénédicte

8 h
9 h
10 h
11 h
12 h
13 h
14 h
15 h
16 h
17 h
18 h
19 h
20 h

17 SAMEDI
St Patrice

Notes

18 DIMANCHE
St Cyrille

Notes

Notes

19 LUNDI
St Joseph

8 h
9 h
10 h
11 h
12 h
13 h
14 h
15 h
16 h
17 h
18 h
19 h
20 h

20 MARDI
Printemps
St Herbert

8 h
9 h
10 h
11 h
12 h
13 h
14 h
15 h
16 h
17 h
18 h
19 h
20 h

21 MERCREDI
Ste Clémence

8 h
9 h
10 h
11 h
12 h
13 h
14 h
15 h
16 h
17 h
18 h
19 h
20 h

22 JEUDI
Ste Léa

8 h
9 h
10 h
11 h
12 h
13 h
14 h
15 h
16 h
17 h
18 h
19 h
20 h

23 VENDREDI
St Victorien

8 h
9 h
10 h
11 h
12 h
13 h
14 h
15 h
16 h
17 h
18 h
19 h
20 h

24 SAMEDI
Ste Catherine
de Suède

Notes

25 DIMANCHE
St Humbert

Notes

Notes

26 LUNDI
Ste Larissa

8 h
9 h
10 h
11 h
12 h
13 h
14 h
15 h
16 h
17 h
18 h
19 h
20 h

27 MARDI
St Habib

8 h
9 h
10 h
11 h
12 h
13 h
14 h
15 h
16 h
17 h
18 h
19 h
20 h

28 MERCREDI
St Gontran

8 h
9 h
10 h
11 h
12 h
13 h
14 h
15 h
16 h
17 h
18 h
19 h
20 h

29 JEUDI
Ste Gwladys

8 h
9 h
10 h
11 h
12 h
13 h
14 h
15 h
16 h
17 h
18 h
19 h
20 h

30 VENDREDI
St Amédée

8 h
9 h
10 h
11 h
12 h
13 h
14 h
15 h
16 h
17 h
18 h
19 h
20 h

31 SAMEDI
St Benjamin

Notes

1 DIMANCHE
Pâques

Notes

Notes

2 LUNDI
Lundi de Pâques

8 h
9 h
10 h
11 h
12 h
13 h
14 h
15 h
16 h
17 h
18 h
19 h
20 h

3 MARDI
St Richard

8 h
9 h
10 h
11 h
12 h
13 h
14 h
15 h
16 h
17 h
18 h
19 h
20 h

4 MERCREDI
St Isidore

8 h
9 h
10 h
11 h
12 h
13 h
14 h
15 h
16 h
17 h
18 h
19 h
20 h

5 JEUDI
Ste Irène

8 h
9 h
10 h
11 h
12 h
13 h
14 h
15 h
16 h
17 h
18 h
19 h
20 h

6 VENDREDI
St Marcellin

8 h
9 h
10 h
11 h
12 h
13 h
14 h
15 h
16 h
17 h
18 h
19 h
20 h

7 SAMEDI
St Jean-Baptiste de la Salle

Notes

8 DIMANCHE
Ste Julie

Notes

Notes

9 LUNDI
St Gautier

8 h
9 h
10 h
11 h
12 h
13 h
14 h
15 h
16 h
17 h
18 h
19 h
20 h

10 MARDI
St Fulbert

8 h
9 h
10 h
11 h
12 h
13 h
14 h
15 h
16 h
17 h
18 h
19 h
20 h

11 MERCREDI
St Stanislas

8 h
9 h
10 h
11 h
12 h
13 h
14 h
15 h
16 h
17 h
18 h
19 h
20 h

12 JEUDI
St Jules

8 h
9 h
10 h
11 h
12 h
13 h
14 h
15 h
16 h
17 h
18 h
19 h
20 h

13 VENDREDI
Ste Ida

8 h
9 h
10 h
11 h
12 h
13 h
14 h
15 h
16 h
17 h
18 h
19 h
20 h

14 SAMEDI
St Maxime

Notes

15 DIMANCHE
St Paterne

Notes

Notes

SEMAINE 16

16 LUNDI
St Benoît

8 h
9 h
10 h
11 h
12 h
13 h
14 h
15 h
16 h
17 h
18 h
19 h
20 h

17 MARDI
St Anicet

8 h
9 h
10 h
11 h
12 h
13 h
14 h
15 h
16 h
17 h
18 h
19 h
20 h

18 MERCREDI
St Parfait

8 h
9 h
10 h
11 h
12 h
13 h
14 h
15 h
16 h
17 h
18 h
19 h
20 h

19 JEUDI
Ste Emma

8 h
9 h
10 h
11 h
12 h
13 h
14 h
15 h
16 h
17 h
18 h
19 h
20 h

20 VENDREDI
Ste Odette

8 h
9 h
10 h
11 h
12 h
13 h
14 h
15 h
16 h
17 h
18 h
19 h
20 h

21 SAMEDI
St Anselme

Notes

22 DIMANCHE
St Alexandre

Notes

Notes

23 LUNDI
St Georges

8 h
9 h
10 h
11 h
12 h
13 h
14 h
15 h
16 h
17 h
18 h
19 h
20 h

24 MARDI
St Fidèle

8 h
9 h
10 h
11 h
12 h
13 h
14 h
15 h
16 h
17 h
18 h
19 h
20 h

25 MERCREDI
St Marc

8 h
9 h
10 h
11 h
12 h
13 h
14 h
15 h
16 h
17 h
18 h
19 h
20 h

26 JEUDI
Ste Alida

8 h
9 h
10 h
11 h
12 h
13 h
14 h
15 h
16 h
17 h
18 h
19 h
20 h

27 VENDREDI
Ste Zita

8 h
9 h
10 h
11 h
12 h
13 h
14 h
15 h
16 h
17 h
18 h
19 h
20 h

28 SAMEDI
Ste Valérie

Notes

29 DIMANCHE
Ste Catherine de Sienne

Notes

Notes

30 LUNDI
St Robert

8 h
9 h
10 h
11 h
12 h
13 h
14 h
15 h
16 h
17 h
18 h
19 h
20 h

1 MARDI
Fête du travail
St Jérémy

8 h
9 h
10 h
11 h
12 h
13 h
14 h
15 h
16 h
17 h
18 h
19 h
20 h

2 MERCREDI
St Boris

8 h
9 h
10 h
11 h
12 h
13 h
14 h
15 h
16 h
17 h
18 h
19 h
20 h

3 JEUDI
St Philippe

8 h
9 h
10 h
11 h
12 h
13 h
14 h
15 h
16 h
17 h
18 h
19 h
20 h

4 VENDREDI
St Sylvain

8 h
9 h
10 h
11 h
12 h
13 h
14 h
15 h
16 h
17 h
18 h
19 h
20 h

5 SAMEDI
Ste Judith

Notes

6 DIMANCHE
Ste Prudence

Notes

Notes

7 LUNDI
Ste Gisèle

8 h
9 h
10 h
11 h
12 h
13 h
14 h
15 h
16 h
17 h
18 h
19 h
20 h

8 MARDI
Victoire 1945
St Désiré

8 h
9 h
10 h
11 h
12 h
13 h
14 h
15 h
16 h
17 h
18 h
19 h
20 h

9 MERCREDI
St Pacôme

8 h
9 h
10 h
11 h
12 h
13 h
14 h
15 h
16 h
17 h
18 h
19 h
20 h

10 JEUDI
Ascension

8 h
9 h
10 h
11 h
12 h
13 h
14 h
15 h
16 h
17 h
18 h
19 h
20 h

11 VENDREDI
Ste Estelle

8 h
9 h
10 h
11 h
12 h
13 h
14 h
15 h
16 h
17 h
18 h
19 h
20 h

12 SAMEDI
St Achille

Notes

13 DIMANCHE
Ste Rolande

Notes

Notes

SEMAINE 20

14 LUNDI
St Matthias

8 h
9 h
10 h
11 h
12 h
13 h
14 h
15 h
16 h
17 h
18 h
19 h
20 h

Notes

15 MARDI
Ste Denise

8 h
9 h
10 h
11 h
12 h
13 h
14 h
15 h
16 h
17 h
18 h
19 h
20 h

16 MERCREDI
St Honoré

8 h
9 h
10 h
11 h
12 h
13 h
14 h
15 h
16 h
17 h
18 h
19 h
20 h

17 JEUDI
St Pascal

8 h
9 h
10 h
11 h
12 h
13 h
14 h
15 h
16 h
17 h
18 h
19 h
20 h

18 VENDREDI
St Éric

8 h
9 h
10 h
11 h
12 h
13 h
14 h
15 h
16 h
17 h
18 h
19 h
20 h

19 SAMEDI
St Yves

Notes

20 DIMANCHE
Pentecôte

Notes

21 LUNDI
Lundi de Pentecôte

8 h
9 h
10 h
11 h
12 h
13 h
14 h
15 h
16 h
17 h
18 h
19 h
20 h

22 MARDI
St Émile

8 h
9 h
10 h
11 h
12 h
13 h
14 h
15 h
16 h
17 h
18 h
19 h
20 h

23 MERCREDI
St Didier

8 h
9 h
10 h
11 h
12 h
13 h
14 h
15 h
16 h
17 h
18 h
19 h
20 h

24 JEUDI
St Donatien

8 h
9 h
10 h
11 h
12 h
13 h
14 h
15 h
16 h
17 h
18 h
19 h
20 h

25 VENDREDI
Ste Sophie

8 h
9 h
10 h
11 h
12 h
13 h
14 h
15 h
16 h
17 h
18 h
19 h
20 h

26 SAMEDI
St Bérenger

Notes

27 DIMANCHE
Fête des mères
St Augustin

Notes

Notes

LUNDI
St Germain

28

8 h
9 h
10 h
11 h
12 h
13 h
14 h
15 h
16 h
17 h
18 h
19 h
20 h

MARDI
St Aymar

29

8 h
9 h
10 h
11 h
12 h
13 h
14 h
15 h
16 h
17 h
18 h
19 h
20 h

MERCREDI
St Ferdinand

30

8 h
9 h
10 h
11 h
12 h
13 h
14 h
15 h
16 h
17 h
18 h
19 h
20 h

JEUDI
Visitation

31

8 h
9 h
10 h
11 h
12 h
13 h
14 h
15 h
16 h
17 h
18 h
19 h
20 h

VENDREDI
St Justin

1

8 h
9 h
10 h
11 h
12 h
13 h
14 h
15 h
16 h
17 h
18 h
19 h
20 h

SAMEDI
Ste Blandine

2

Notes

DIMANCHE
St Kevin

3

Notes

Notes

SEMAINE 23

LUNDI Ste Clotilde
4

8 h
9 h
10 h
11 h
12 h
13 h
14 h
15 h
16 h
17 h
18 h
19 h
20 h

MARDI St Igor
5

8 h
9 h
10 h
11 h
12 h
13 h
14 h
15 h
16 h
17 h
18 h
19 h
20 h

MERCREDI St Norbert
6

8 h
9 h
10 h
11 h
12 h
13 h
14 h
15 h
16 h
17 h
18 h
19 h
20 h

JEUDI St Gilbert
7

8 h
9 h
10 h
11 h
12 h
13 h
14 h
15 h
16 h
17 h
18 h
19 h
20 h

VENDREDI St Médard
8

8 h
9 h
10 h
11 h
12 h
13 h
14 h
15 h
16 h
17 h
18 h
19 h
20 h

SAMEDI Ste Diane
9

Notes

DIMANCHE St Landry
10

Notes

Notes

11 LUNDI
St Barnabé

8 h
9 h
10 h
11 h
12 h
13 h
14 h
15 h
16 h
17 h
18 h
19 h
20 h

12 MARDI
St Guy

8 h
9 h
10 h
11 h
12 h
13 h
14 h
15 h
16 h
17 h
18 h
19 h
20 h

13 MERCREDI
St Antoine de Padoue

8 h
9 h
10 h
11 h
12 h
13 h
14 h
15 h
16 h
17 h
18 h
19 h
20 h

14 JEUDI
St Élisée

8 h
9 h
10 h
11 h
12 h
13 h
14 h
15 h
16 h
17 h
18 h
19 h
20 h

15 VENDREDI
Ste Germaine

8 h
9 h
10 h
11 h
12 h
13 h
14 h
15 h
16 h
17 h
18 h
19 h
20 h

16 SAMEDI
St Jean-François Régis

Notes

17 DIMANCHE
Fête des pères
St Hervé

Notes

Notes

18 LUNDI
St Léonce

8 h
9 h
10 h
11 h
12 h
13 h
14 h
15 h
16 h
17 h
18 h
19 h
20 h

Notes

19 MARDI
St Romuald

8 h
9 h
10 h
11 h
12 h
3 h
4 h
5 h
16 h
17 h
13 h
17 h
2c h

20 MERCREDI
St Silvère

8 h
9 h
10 h
11 h
12 h
13 h
14 h
15 h
16 h
17 h
18 h
19 h
20 h

21 JEUDI
Été
St Louis de Gonzague

8 h
9 h
10 h
11 h
12 h
13 h
14 h
15 h
16 h
17 h
18 h
19 h
20 h

22 VENDREDI
St Alban

8 h
9 h
10 h
11 h
12 h
13 h
14 h
15 h
16 h
17 h
18 h
19 h
20 h

23 SAMEDI
Ste Audrey

Notes

24 DIMANCHE
Fête Nat. Québec
St Jean-Baptiste

Notes

Juin Juillet

LUNDI 25
St Prosper

8 h
9 h
10 h
11 h
12 h
13 h
14 h
15 h
16 h
17 h
18 h
19 h
20 h

MARDI 26
St Anthelme

8 h
9 h
10 h
11 h
12 h
13 h
14 h
15 h
16 h
17 h
18 h
19 h
20 h

MERCREDI 27
St Fernand

8 h
9 h
10 h
11 h
12 h
13 h
14 h
15 h
16 h
17 h
18 h
19 h
20 h

JEUDI 28
St Irénée

8 h
9 h
10 h
11 h
12 h
13 h
14 h
15 h
16 h
17 h
18 h
19 h
20 h

VENDREDI 29
St Pierre, St Paul

8 h
9 h
10 h
11 h
12 h
13 h
14 h
15 h
16 h
17 h
18 h
19 h
20 h

SAMEDI 30
St Martial

Notes

DIMANCHE 1
Fête Nat. Canada
St Thierry

Notes

Notes

2 LUNDI *St Martinien*	**3** MARDI *St Thomas*	**4** MERCREDI *St Florent*	**5** JEUDI *St Antoine*	**6** VENDREDI *Ste Mariette*
8 h	8 h	8 h	8 h	8 h
9 h	9 h	9 h	9 h	9 h
10 h	10 h	10 h	10 h	10 h
11 h	11 h	11 h	11 h	11 h
12 h	12 h	12 h	12 h	12 h
13 h	13 h	13 h	13 h	13 h
14 h	14 h	14 h	14 h	14 h
15 h	15 h	15 h	15 h	15 h
16 h	16 h	16 h	16 h	16 h
17 h	17 h	17 h	17 h	17 h
18 h	18 h	18 h	18 h	18 h
19 h	19 h	19 h	19 h	19 h
20 h	20 h	20 h	20 h	20 h

7 SAMEDI
St Raoul

Notes

8 DIMANCHE
St Thibault

Notes

Notes

SEMAINE 28

9 LUNDI
Ste Amandine
8 h
9 h
10 h
11 h
12 h
13 h
14 h
15 h
16 h
17 h
18 h
19 h
20 h

Notes

10 MARDI
St Ulrich
8 h
9 h
10 h
11 h
12 h
13 h
14 h
15 h
16 h
17 h
18 h
19 h
20 h

11 MERCREDI
Ste Olga
8 h
9 h
10 h
11 h
12 h
13 h
14 h
15 h
16 h
17 h
18 h
19 h
20 h

12 JEUDI
St Olivier
8 h
9 h
10 h
11 h
12 h
13 h
14 h
15 h
16 h
17 h
18 h
19 h
20 h

13 VENDREDI
St Henri, St Joël
8 h
9 h
10 h
11 h
12 h
13 h
14 h
15 h
16 h
17 h
18 h
19 h
20 h

14 SAMEDI
Fête Nationale
St Camille
Notes

15 DIMANCHE
St Donald
Notes

16 LUNDI
Notre-Dame du Mont Carmel

8 h
9 h
10 h
11 h
12 h
13 h
14 h
15 h
16 h
17 h
18 h
19 h
20 h

17 MARDI
Ste Charlotte

8 h
9 h
10 h
11 h
12 h
13 h
14 h
15 h
16 h
17 h
18 h
19 h
20 h

18 MERCREDI
St Frédéric

8 h
9 h
10 h
11 h
12 h
13 h
14 h
15 h
16 h
17 h
18 h
19 h
20 h

19 JEUDI
St Arsène

8 h
9 h
10 h
11 h
12 h
13 h
14 h
15 h
16 h
17 h
18 h
19 h
20 h

20 VENDREDI
Ste Marina

8 h
9 h
10 h
11 h
12 h
13 h
14 h
15 h
16 h
17 h
18 h
19 h
20 h

21 SAMEDI
Fête Nat. Belgique
St Victor

Notes

22 DIMANCHE
Ste Marie-Madeleine

Notes

Notes

23 LUNDI
Ste Brigitte

8 h
9 h
10 h
11 h
12 h
13 h
14 h
15 h
16 h
17 h
18 h
19 h
20 h

24 MARDI
Ste Christine

8 h
9 h
10 h
11 h
12 h
13 h
14 h
15 h
16 h
17 h
18 h
19 h
20 h

25 MERCREDI
St Jacques

8 h
9 h
10 h
11 h
12 h
13 h
14 h
15 h
16 h
17 h
18 h
19 h
20 h

26 JEUDI
Ste Anne, St Joachim

8 h
9 h
10 h
11 h
12 h
13 h
14 h
15 h
16 h
17 h
18 h
19 h
20 h

27 VENDREDI
Ste Nathalie

8 h
9 h
10 h
11 h
12 h
13 h
14 h
15 h
16 h
17 h
18 h
19 h
20 h

28 SAMEDI
St Samson

Notes

29 DIMANCHE
Ste Marthe

Notes

Notes

30 LUNDI
Ste Juliette

8 h
9 h
10 h
11 h
12 h
13 h
14 h
15 h
16 h
17 h
18 h
19 h
20 h

31 MARDI
St Ignace de Loyola

8 h
9 h
10 h
11 h
12 h
13 h
14 h
15 h
16 h
17 h
18 h
19 h
20 h

1 MERCREDI
Fête Nat. Suisse
St Alphonse

8 h
9 h
10 h
11 h
12 h
13 h
14 h
15 h
16 h
17 h
18 h
19 h
20 h

2 JEUDI
St Julien Eymard

8 h
9 h
10 h
11 h
12 h
13 h
14 h
15 h
16 h
17 h
18 h
19 h
20 h

3 VENDREDI
Ste Lydie

8 h
9 h
10 h
11 h
12 h
13 h
14 h
15 h
16 h
17 h
18 h
19 h
20 h

4 SAMEDI
St Jean-Marie Vianney

Notes

5 DIMANCHE
St Abel

Notes

Notes

Août

LUNDI
St Octavien

6

8 h
9 h
10 h
11 h
12 h
13 h
14 h
15 h
16 h
17 h
18 h
19 h
20 h

MARDI
St Gaétan

7

8 h
9 h
10 h
11 h
12 h
13 h
14 h
15 h
15 h
17 h
18 h
19 h
20 h

MERCREDI
St Dominique

8

8 h
9 h
10 h
11 h
12 h
13 h
14 h
15 h
16 h
17 h
18 h
19 h
20 h

JEUDI
St Amour

9

8 h
9 h
10 h
11 h
12 h
13 h
14 h
15 h
16 h
17 h
18 h
19 h
20 h

VENDREDI
St Laurent

10

8 h
9 h
10 h
11 h
12 h
13 h
14 h
15 h
16 h
17 h
18 h
19 h
20 h

SAMEDI
Ste Claire

11

Notes

DIMANCHE
Ste Clarisse

12

Notes

Notes

13 LUNDI
St Hippolyte

8 h
9 h
10 h
11 h
12 h
13 h
14 h
15 h
16 h
17 h
18 h
19 h
20 h

14 MARDI
St Évrard

8 h
9 h
10 h
11 h
12 h
13 h
14 h
15 h
15 h
17 h
13 h
19 h
20 h

15 MERCREDI
Assomption

8 h
9 h
10 h
11 h
12 h
13 h
14 h
15 h
16 h
17 h
18 h
19 h
20 h

16 JEUDI
St Armel

8 h
9 h
10 h
11 h
12 h
13 h
14 h
15 h
16 h
17 h
18 h
19 h
20 h

17 VENDREDI
St Hyacinthe

8 h
9 h
10 h
11 h
12 h
13 h
14 h
15 h
16 h
17 h
18 h
19 h
20 h

18 SAMEDI
Ste Hélène

Notes

19 DIMANCHE
St Jean-Eudes

Notes

Notes

20 LUNDI
St Bernard

8 h
9 h
10 h
11 h
12 h
13 h
14 h
15 h
16 h
17 h
18 h
19 h
20 h

21 MARDI
St Christophe

8 h
9 h
10 h
11 h
12 h
13 h
14 h
15 h
16 h
17 h
18 h
19 h
20 h

22 MERCREDI
St Fabrice

8 h
9 h
10 h
11 h
12 h
13 h
14 h
15 h
16 h
17 h
18 h
19 h
20 h

23 JEUDI
Ste Rose de Lima

8 h
9 h
10 h
11 h
12 h
13 h
14 h
15 h
16 h
17 h
18 h
19 h
20 h

24 VENDREDI
St Barthélémy

8 h
9 h
10 h
11 h
12 h
13 h
14 h
15 h
16 h
17 h
18 h
19 h
20 h

25 SAMEDI
St Louis

Notes

26 DIMANCHE
Ste Natacha

Notes

Notes

Août Septembre

27 LUNDI
Ste Monique

8 h
9 h
10 h
11 h
12 h
13 h
14 h
15 h
16 h
17 h
18 h
19 h
20 h

28 MARDI
St Augustin

8 h
9 h
10 h
11 h
12 h
13 h
14 h
15 h
16 h
17 h
18 h
19 h
20 h

29 MERCREDI
Ste Sabine

8 h
9 h
10 h
11 h
12 h
13 h
14 h
15 h
16 h
17 h
18 h
19 h
20 h

30 JEUDI
St Fiacre

8 h
9 h
10 h
11 h
12 h
13 h
14 h
15 h
16 h
17 h
18 h
19 h
20 h

31 VENDREDI
St Aristide

8 h
9 h
10 h
11 h
12 h
13 h
14 h
15 h
16 h
17 h
18 h
19 h
20 h

1 SAMEDI
St Gilles

Notes

2 DIMANCHE
Ste Ingrid

Notes

Notes

septembre

3 LUNDI
St Grégoire

8 h
9 h
10 h
11 h
12 h
13 h
14 h
15 h
16 h
17 h
18 h
19 h
20 h

4 MARDI
Ste Rosalie

8 h
9 h
10 h
11 h
12 h
13 h
14 h
15 h
16 h
17 h
18 h
19 h
20 h

5 MERCREDI
Ste Raïssa

8 h
9 h
10 h
11 h
12 h
13 h
14 h
15 h
16 h
17 h
18 h
19 h
20 h

6 JEUDI
St Bertrand

8 h
9 h
10 h
11 h
12 h
13 h
14 h
15 h
16 h
17 h
18 h
19 h
20 h

7 VENDREDI
Ste Reine

8 h
9 h
10 h
11 h
12 h
13 h
14 h
15 h
16 h
17 h
18 h
19 h
20 h

8 SAMEDI
St Adrien

Notes

9 DIMANCHE
St Alain

Notes

Notes

Septembre

10 LUNDI
Ste Inès

8 h
9 h
10 h
11 h
12 h
13 h
14 h
15 h
16 h
17 h
18 h
19 h
20 h

11 MARDI
St Adelphe

8 h
9 h
10 h
11 h
12 h
13 h
14 h
15 h
16 h
17 h
18 h
19 h
20 h

12 MERCREDI
St Apollinaire

8 h
9 h
10 h
11 h
12 h
13 h
14 h
15 h
16 h
17 h
18 h
19 h
20 h

13 JEUDI
St Aimé

8 h
9 h
10 h
11 h
12 h
13 h
14 h
15 h
16 h
17 h
18 h
19 h
20 h

14 VENDREDI
La Croix Glorieuse

8 h
9 h
10 h
11 h
12 h
13 h
14 h
15 h
16 h
17 h
18 h
19 h
20 h

15 SAMEDI
St Roland

Notes

16 DIMANCHE
Ste Édith

Notes

Notes

septembre

17 LUNDI
St Renaud

8 h
9 h
10 h
11 h
12 h
13 h
14 h
15 h
16 h
17 h
18 h
19 h
20 h

18 MARDI
Ste Nadège

8 h
9 h
10 h
11 h
12 h
13 h
14 h
15 h
16 h
17 h
18 h
19 h
20 h

19 MERCREDI
Ste Émilie

8 h
9 h
10 h
11 h
12 h
13 h
14 h
15 h
16 h
17 h
18 h
19 h
20 h

20 JEUDI
St Davy

8 h
9 h
10 h
11 h
12 h
13 h
14 h
15 h
16 h
17 h
18 h
19 h
20 h

21 VENDREDI
St Matthieu

8 h
9 h
10 h
11 h
12 h
13 h
14 h
15 h
16 h
17 h
18 h
19 h
20 h

22 SAMEDI
St Maurice

Notes

23 DIMANCHE
Automne
St Constant

Notes

Notes

SEMAINE 39

24 LUNDI
St Thècle

8 h
9 h
10 h
11 h
12 h
13 h
14 h
15 h
16 h
17 h
18 h
19 h
20 h

25 MARDI
St Hermann

8 h
9 h
10 h
11 h
12 h
13 h
14 h
15 h
16 h
17 h
18 h
19 h
20 h

26 MERCREDI
St Côme, St Damien

8 h
9 h
10 h
11 h
12 h
13 h
14 h
15 h
16 h
17 h
18 h
19 h
20 h

27 JEUDI
St Vincent de Paul

8 h
9 h
10 h
11 h
12 h
13 h
14 h
15 h
16 h
17 h
18 h
19 h
20 h

28 VENDREDI
St Venceslas

8 h
9 h
10 h
11 h
12 h
13 h
14 h
15 h
16 h
17 h
18 h
19 h
20 h

29 SAMEDI
St Michel

Notes

30 DIMANCHE
St Jérôme

Notes

Notes

1 LUNDI
Ste Thérèse de l'Enfant Jésus

8 h
9 h
10 h
11 h
12 h
13 h
14 h
15 h
16 h
17 h
18 h
19 h
20 h

2 MARDI
St Léger

8 h
9 h
10 h
11 h
12 h
13 h
14 h
15 h
16 h
17 h
18 h
19 h
20 h

3 MERCREDI
St Gérard

8 h
9 h
10 h
11 h
12 h
13 h
14 h
15 h
16 h
17 h
18 h
19 h
20 h

4 JEUDI
St François d'Assise

8 h
9 h
10 h
11 h
12 h
13 h
14 h
15 h
16 h
17 h
18 h
19 h
20 h

5 VENDREDI
Ste Fleur

8 h
9 h
10 h
11 h
12 h
13 h
14 h
15 h
16 h
17 h
18 h
19 h
20 h

6 SAMEDI
St Bruno

Notes

7 DIMANCHE
St Serge

Notes

Notes

8 LUNDI
Ste Pélagie

8 h
9 h
10 h
11 h
12 h
13 h
14 h
15 h
16 h
17 h
18 h
19 h
20 h

9 MARDI
St Denis

8 h
9 h
10 h
11 h
12 h
13 h
14 h
15 h
16 h
17 h
18 h
19 h
20 h

10 MERCREDI
St Ghislain

8 h
9 h
10 h
11 h
12 h
13 h
14 h
15 h
16 h
17 h
18 h
19 h
20 h

11 JEUDI
St Firmin

8 h
9 h
10 h
11 h
12 h
13 h
14 h
15 h
16 h
17 h
18 h
19 h
20 h

12 VENDREDI
St Wilfried

8 h
9 h
10 h
11 h
12 h
13 h
14 h
15 h
16 h
17 h
18 h
19 h
20 h

13 SAMEDI
St Géraud

Notes

14 DIMANCHE
St Juste

Notes

Notes

SEMAINE 42

15 LUNDI
Ste Thérèse d'Avila

8 h
9 h
10 h
11 h
12 h
13 h
14 h
15 h
16 h
17 h
18 h
19 h
20 h

16 MARDI
Ste Edwige

8 h
9 h
10 h
11 h
12 h
13 h
14 h
15 h
16 h
17 h
18 h
19 h
20 h

17 MERCREDI
St Baudouin

8 h
9 h
10 h
11 h
12 h
13 h
14 h
15 h
16 h
17 h
18 h
19 h
20 h

18 JEUDI
St Luc

8 h
9 h
10 h
11 h
12 h
13 h
14 h
15 h
16 h
17 h
18 h
19 h
20 h

19 VENDREDI
St René

8 h
9 h
10 h
11 h
12 h
13 h
14 h
15 h
16 h
17 h
18 h
19 h
20 h

20 SAMEDI
Ste Adeline

Notes

21 DIMANCHE
Ste Céline

Notes

Notes

22 LUNDI
Ste Élodie

8 h

9 h

10 h

11 h

12 h

13 h

14 h

15 h

16 h

17 h

18 h

19 h

20 h

23 MARDI
St Jean de Capistran

8 h

9 h

10 h

11 h

12 h

13 h

14 h

15 h

16 h

17 h

18 h

19 h

20 h

24 MERCREDI
St Florentin

8 h

9 h

10 h

11 h

12 h

13 h

14 h

15 h

16 h

17 h

18 h

19 h

20 h

25 JEUDI
St Crépin

8 h

9 h

10 h

11 h

12 h

13 h

14 h

15 h

16 h

17 h

18 h

19 h

20 h

26 VENDREDI
St Dimitri

8 h

9 h

10 h

11 h

12 h

13 h

14 h

15 h

16 h

17 h

18 h

19 h

20 h

27 SAMEDI
Ste Émeline

Notes

28 DIMANCHE
St Jude

Notes

Notes

29 LUNDI
St Narcisse

8 h
9 h
10 h
11 h
12 h
13 h
14 h
15 h
16 h
17 h
18 h
19 h
20 h

30 MARDI
Ste Bienvenue

8 h
9 h
10 h
11 h
12 h
13 h
14 h
15 h
16 h
17 h
18 h
19 h
20 h

31 MERCREDI
St Quentin

8 h
9 h
10 h
11 h
12 h
13 h
14 h
15 h
16 h
17 h
18 h
19 h
20 h

1 JEUDI
Toussaint

8 h
9 h
10 h
11 h
12 h
13 h
14 h
15 h
16 h
17 h
18 h
19 h
20 h

2 VENDREDI
Défunts

8 h
9 h
10 h
11 h
12 h
13 h
14 h
15 h
16 h
17 h
18 h
19 h
20 h

3 SAMEDI
St Hubert

Notes

4 DIMANCHE
St Charles

Notes

Notes

novembre

5 LUNDI
Ste Sylvie

8 h
9 h
10 h
11 h
12 h
13 h
14 h
15 h
16 h
17 h
18 h
19 h
20 h

6 MARDI
Ste Bertille

8 h
9 h
10 h
11 h
12 h
13 h
14 h
15 h
16 h
17 h
18 h
19 h
20 h

7 MERCREDI
Ste Carine

8 h
9 h
10 h
11 h
12 h
13 h
14 h
15 h
16 h
17 h
18 h
19 h
20 h

8 JEUDI
St Geoffroy

8 h
9 h
10 h
11 h
12 h
13 h
14 h
15 h
16 h
17 h
18 h
19 h
20 h

9 VENDREDI
St Théodore

8 h
9 h
10 h
11 h
12 h
13 h
14 h
15 h
16 h
17 h
18 h
19 h
20 h

10 SAMEDI
St Léon

Notes

11 DIMANCHE
Armistice 1918
St Martin

Notes

Notes

12 LUNDI
St Christian

8 h
9 h
10 h
11 h
12 h
13 h
14 h
15 h
16 h
17 h
18 h
19 h
20 h

13 MARDI
St Brice

8 h
9 h
10 h
11 h
12 h
13 h
14 h
15 h
16 h
17 h
18 h
19 h
20 h

14 MERCREDI
St Sidoine

8 h
9 h
10 h
11 h
12 h
13 h
14 h
15 h
16 h
17 h
18 h
19 h
20 h

15 JEUDI
St Albert

8 h
9 h
10 h
11 h
12 h
13 h
14 h
15 h
16 h
17 h
18 h
19 h
20 h

16 VENDREDI
Ste Marguerite

8 h
9 h
10 h
11 h
12 h
13 h
14 h
15 h
16 h
17 h
18 h
19 h
20 h

17 SAMEDI
Ste Élisabeth

Notes

18 DIMANCHE
Ste Aude

Notes

Notes

19 LUNDI
St Tanguy

8 h
9 h
10 h
11 h
12 h
13 h
14 h
15 h
16 h
17 h
18 h
19 h
20 h

Notes

20 MARDI
St Edmond

8 h
9 h
10 h
11 h
12 h
13 h
14 h
15 h
16 h
17 h
18 h
19 h
20 h

21 MERCREDI
Présentation
de la Vierge Marie

8 h
9 h
10 h
11 h
12 h
13 h
14 h
15 h
16 h
17 h
18 h
19 h
20 h

22 JEUDI
Ste Cécile

8 h
9 h
10 h
11 h
12 h
13 h
14 h
15 h
16 h
17 h
18 h
19 h
20 h

23 VENDREDI
St Clément

8 h
9 h
10 h
11 h
12 h
13 h
14 h
15 h
16 h
17 h
18 h
19 h
20 h

24 SAMEDI
Ste Flora

Notes

25 DIMANCHE
Ste Catherine

Notes

26 LUNDI
Ste Delphine

8 h
9 h
10 h
11 h
12 h
13 h
14 h
15 h
16 h
17 h
18 h
19 h
20 h

27 MARDI
St Séverin

8 h
9 h
10 h
11 h
12 h
13 h
14 h
15 h
16 h
17 h
18 h
19 h
20 h

28 MERCREDI
St Jacques de la Marche

8 h
9 h
10 h
11 h
12 h
13 h
14 h
15 h
16 h
17 h
18 h
19 h
20 h

29 JEUDI
St Saturnin

8 h
9 h
10 h
11 h
12 h
13 h
14 h
15 h
16 h
17 h
18 h
19 h
20 h

30 VENDREDI
St André

8 h
9 h
10 h
11 h
12 h
13 h
14 h
15 h
16 h
17 h
18 h
19 h
20 h

1 SAMEDI
Ste Florence

Notes

2 DIMANCHE
Ste Viviane

Notes

Notes

Décembre

3 LUNDI
St François-Xavier

8 h
9 h
10 h
11 h
12 h
13 h
14 h
15 h
16 h
17 h
18 h
19 h
20 h

4 MARDI
Ste Barbara

8 h
9 h
10 h
11 h
12 h
13 h
14 h
15 h
16 h
17 h
18 h
19 h
20 h

5 MERCREDI
St Gérald

8 h
9 h
10 h
11 h
12 h
13 h
14 h
15 h
16 h
17 h
18 h
19 h
20 h

6 JEUDI
St Nicolas

8 h
9 h
10 h
11 h
12 h
13 h
14 h
15 h
16 h
17 h
18 h
19 h
20 h

7 VENDREDI
St Ambroise

8 h
9 h
10 h
11 h
12 h
13 h
14 h
15 h
16 h
17 h
18 h
19 h
20 h

8 SAMEDI
Immaculée Conception

Notes

9 DIMANCHE
St Pierre Fourier

Notes

Notes

SEMAINE 50

Décembre

10 LUNDI
St Romaric

8 h
9 h
10 h
11 h
12 h
13 h
14 h
15 h
16 h
17 h
18 h
19 h
20 h

11 MARDI
St Daniel

8 h
9 h
10 h
11 h
12 h
13 h
14 h
15 h
16 h
17 h
18 h
19 h
20 h

12 MERCREDI
Ste Jeanne-F. de Chantal

8 h
9 h
10 h
11 h
12 h
13 h
14 h
15 h
16 h
17 h
18 h
19 h
20 h

13 JEUDI
Ste Lucie

8 h
9 h
10 h
11 h
12 h
13 h
14 h
15 h
16 h
17 h
18 h
19 h
20 h

14 VENDREDI
Ste Odile

8 h
9 h
10 h
11 h
12 h
13 h
14 h
15 h
16 h
17 h
18 h
19 h
20 h

15 SAMEDI
Ste Ninon

Notes

16 DIMANCHE
Ste Alice

Notes

Notes

Décembre

17 LUNDI
St Gaël

8 h
9 h
10 h
11 h
12 h
13 h
14 h
15 h
16 h
17 h
18 h
19 h
20 h

18 MARDI
St Gatien

8 h
9 h
10 h
11 h
12 h
13 h
14 h
15 h
16 h
17 h
18 h
19 h
20 h

19 MERCREDI
St Urbain

8 h
9 h
10 h
11 h
12 h
13 h
14 h
15 h
16 h
17 h
18 h
19 h
20 h

20 JEUDI
St Théophile

8 h
9 h
10 h
11 h
12 h
13 h
14 h
15 h
16 h
17 h
18 h
19 h
20 h

21 VENDREDI
Hiver
St Pierre Canisius

8 h
9 h
10 h
11 h
12 h
13 h
14 h
15 h
16 h
17 h
18 h
19 h
20 h

22 SAMEDI
Ste Françoise-Xavière

Notes

23 DIMANCHE
St Armand

Notes

Notes

24 LUNDI
Ste Adèle

8 h
9 h
10 h
11 h
12 h
13 h
14 h
15 h
16 h
17 h
18 h
19 h
20 h

25 MARDI
Noël

8 h
9 h
10 h
11 h
12 h
13 h
14 h
15 h
16 h
17 h
18 h
19 h
20 h

26 MERCREDI
St Étienne

8 h
9 h
10 h
11 h
12 h
13 h
14 h
15 h
16 h
17 h
18 h
19 h
20 h

27 JEUDI
St Jean

8 h
9 h
10 h
11 h
12 h
13 h
14 h
15 h
16 h
17 h
18 h
19 h
20 h

28 VENDREDI
Sts Innocents

8 h
9 h
10 h
11 h
12 h
13 h
14 h
15 h
16 h
17 h
18 h
19 h
20 h

29 SAMEDI
St David

Notes

30 DIMANCHE
St Roger

Notes

Notes

janvier

31 LUNDI
St Sylvestre

8 h
9 h
10 h
11 h
12 h
13 h
14 h
15 h
16 h
17 h
18 h
19 h
20 h

Notes

1 MARDI
Jour de l'an

8 h
9 h
10 h
11 h
12 h
13 h
14 h
15 h
16 h
17 h
18 h
19 h
20 h

2 MERCREDI
St Basile

8 h
9 h
10 h
11 h
12 h
13 h
14 h
15 h
16 h
17 h
18 h
19 h
20 h

3 JEUDI
Ste Geneviève

8 h
9 h
10 h
11 h
12 h
13 h
14 h
15 h
16 h
17 h
18 h
19 h
20 h

4 VENDREDI
St Odilon

8 h
9 h
10 h
11 h
12 h
13 h
14 h
15 h
16 h
17 h
18 h
19 h
20 h

5 SAMEDI
St Édouard

Notes

6 DIMANCHE
Épiphanie

Notes

COPYRIGHTS

Ouvrage dirigé par Hervé Desinge
© 2017, éditions Hugo & Compagnie
www.hugoetcie.fr

ISBN : 9782755634143
Dépôt légal : septembre 2017